This Book Belongs To:

Table of contents

Let's take a Look

Vertical line

4

Horizontal line

Horizontal line

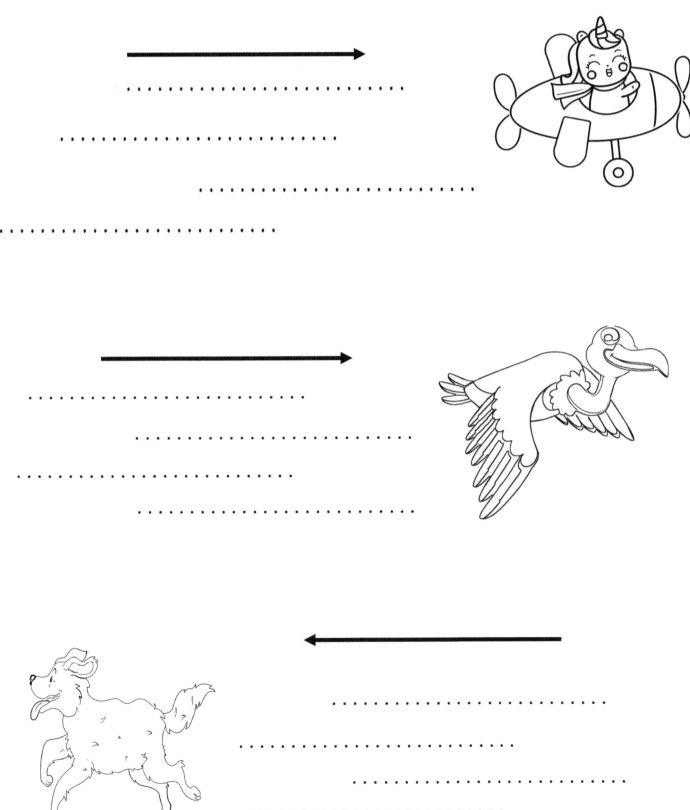

Zigzag

Zigzag

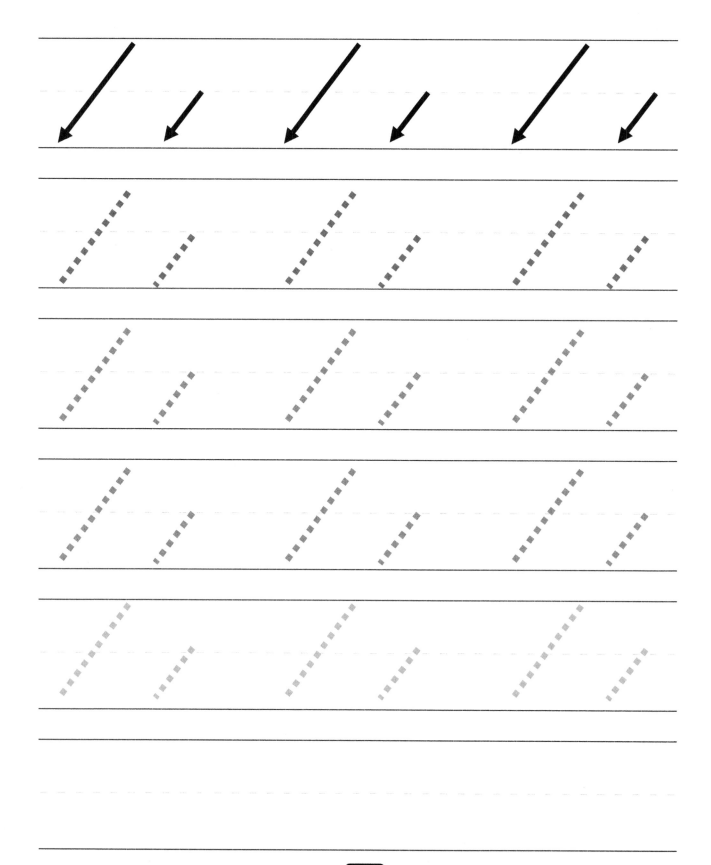

11

Curved line

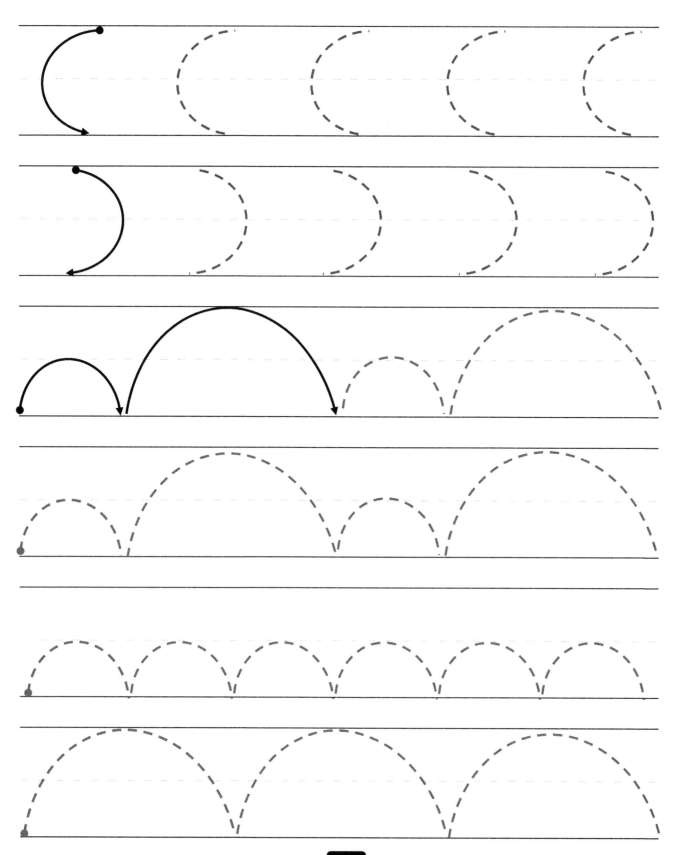

Curved line

Spiral line

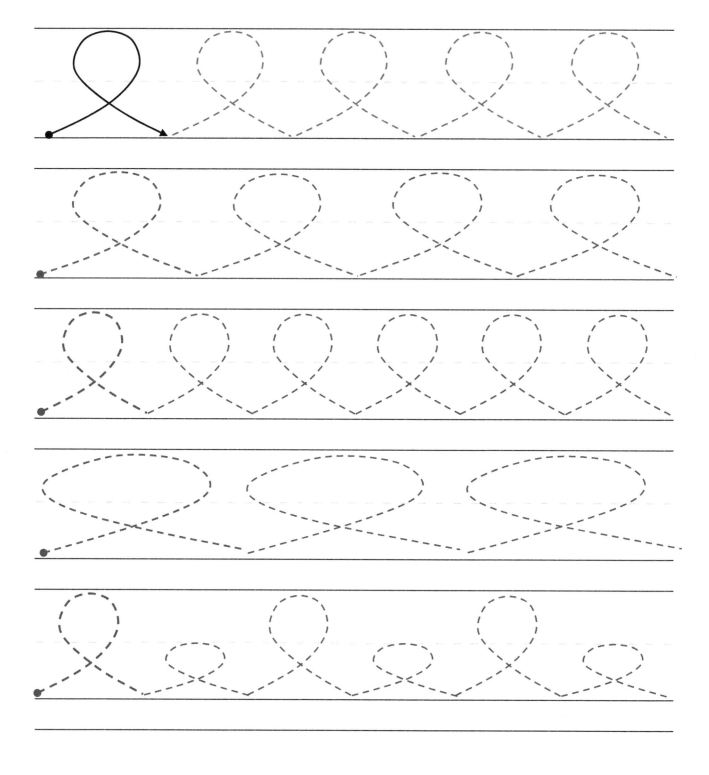

Spiral line

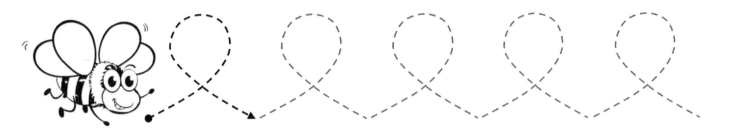

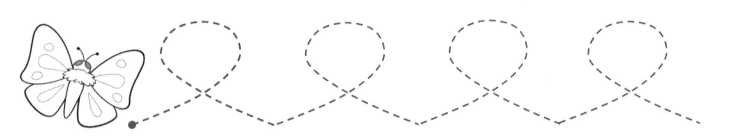

Square

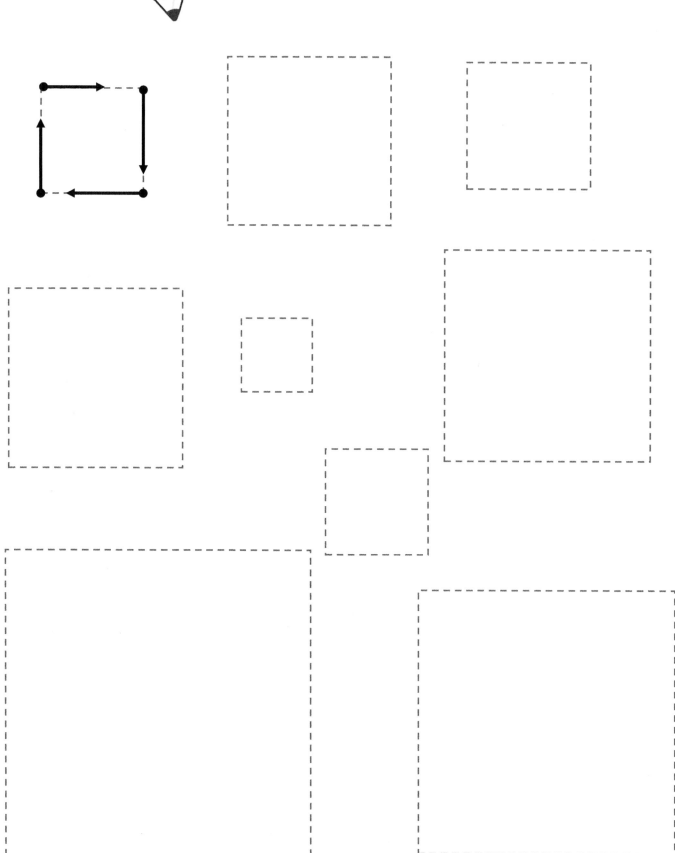

Square

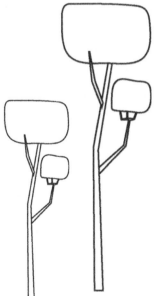

Rectangle

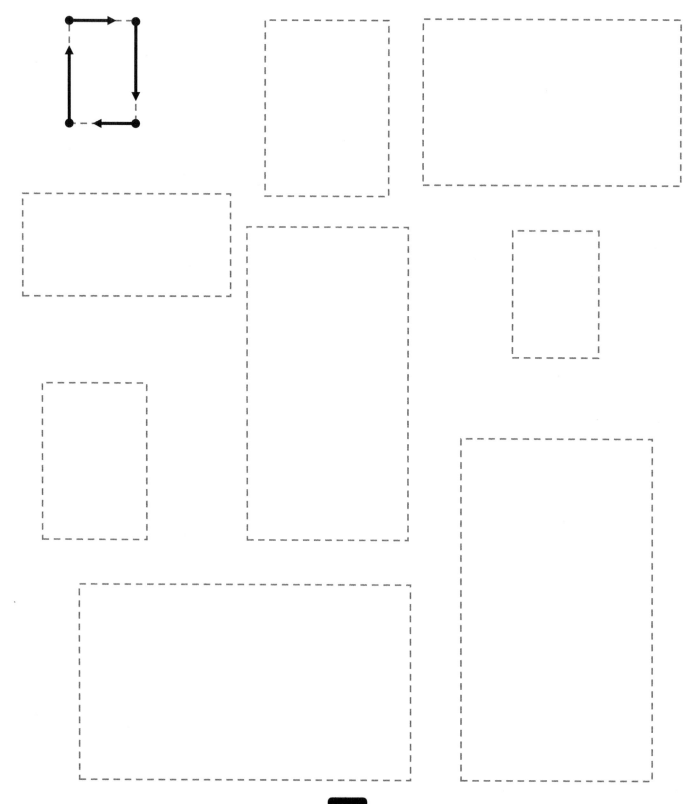

Rectangle

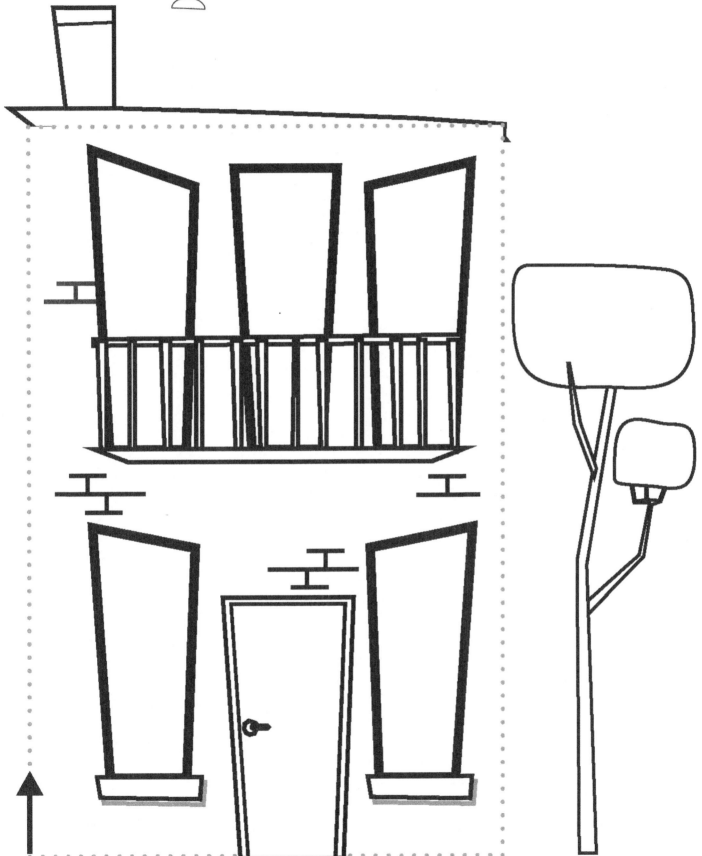

Triangle

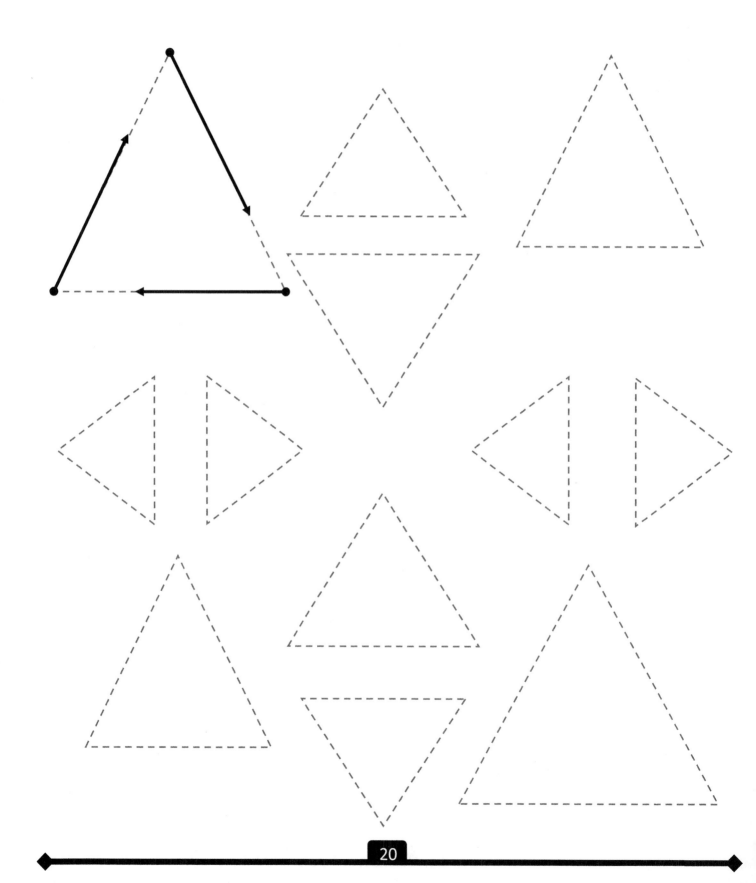

Triangle

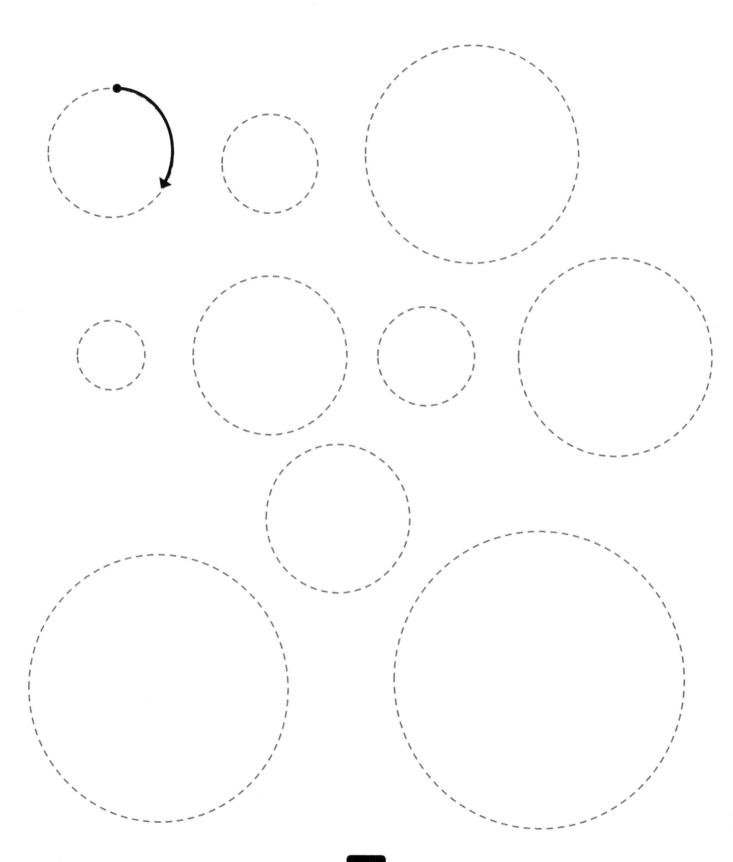

Circle

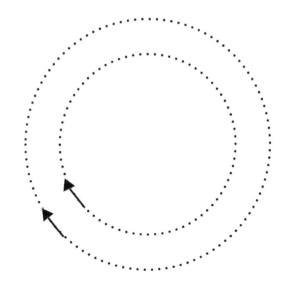

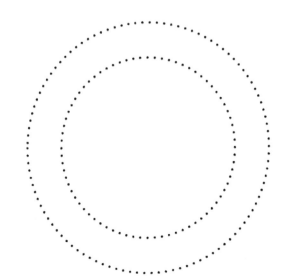

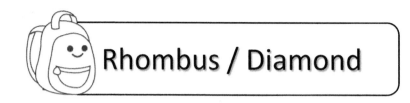

Pentagon

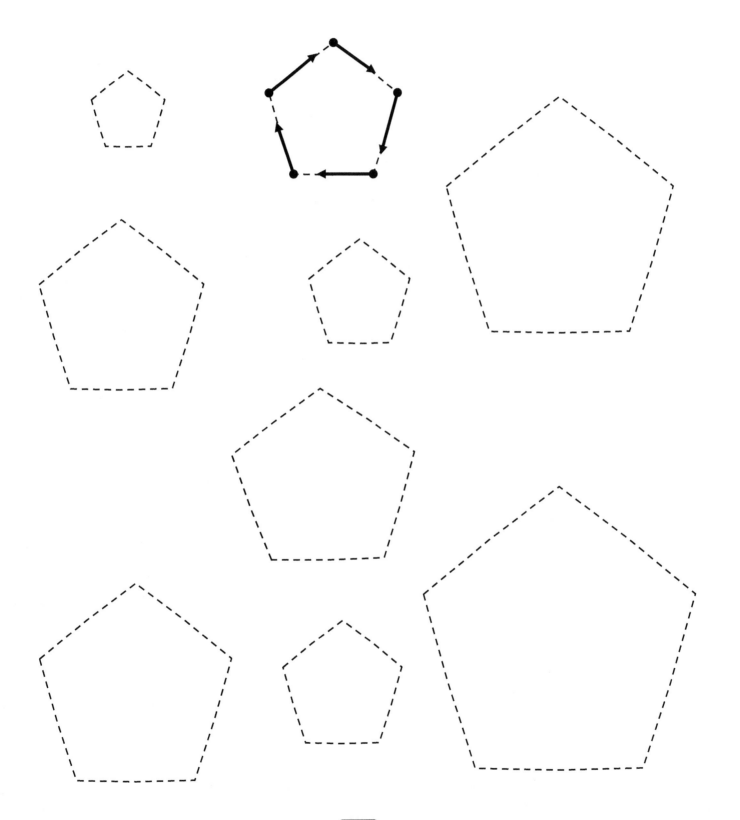

Star

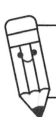

Ladybug

Bat

Sheep

Giraffe

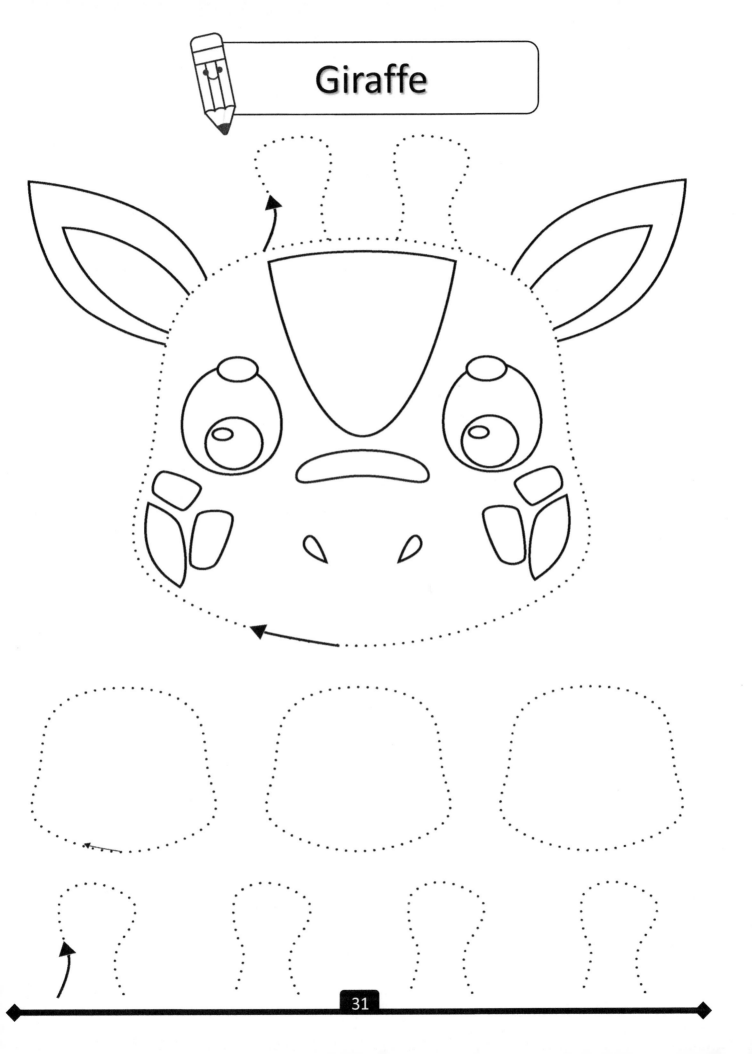

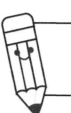

SUN

Letters

Aa - Zz

1 2
3

A A A A A A A A A

A A A A A A A A A

A

A

Apple Apple

Apple Apple

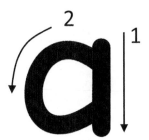

a a a a a a a a

a a a a a a a a

a

a

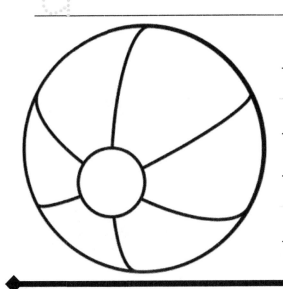

Ball   Ball

Ball   Ball

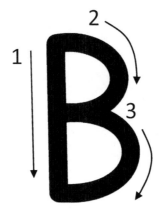

1 2 3

B B B B B B B B B

B B B B B B B B B

B

B

Bee   Bee

Bee   Bee

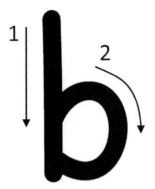

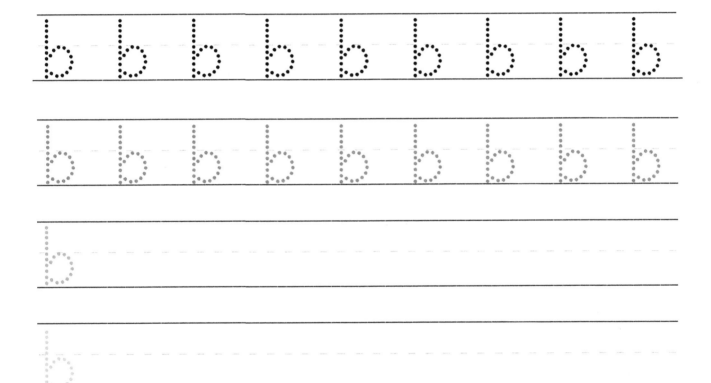

Rabbit Rabbit

Rabbit Rabbit

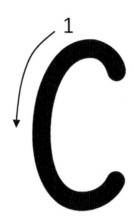

C C C C C C C C C

C C C C C C C C C

C

C

Cat   Cat

Cat   Cat

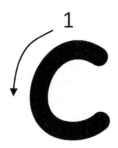

C

c c c c c c c c c

c c c c c c c c c

c

c

Cactus

Cactus

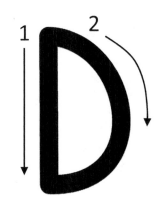

D D D D D D D D D

D D D D D D D D D

D

D

Dog Dog

Dog Dog

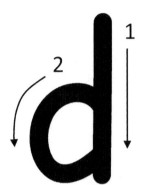

d d d d d d d d d

d d d d d d d d d

d

d

Hand Hand

Hand Hand

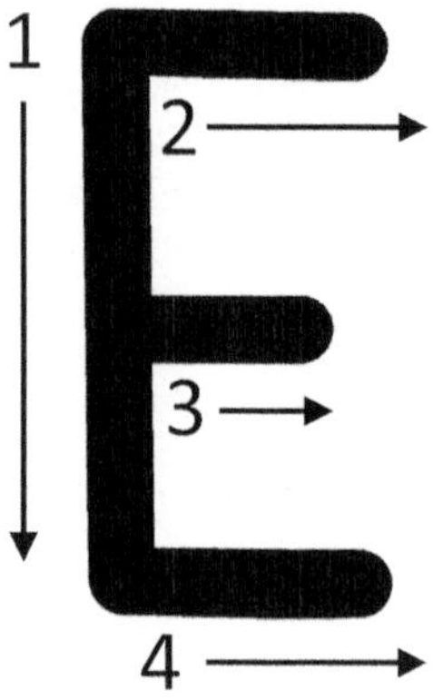

E E E E E E E E E

E E E E E E E E E

E

E

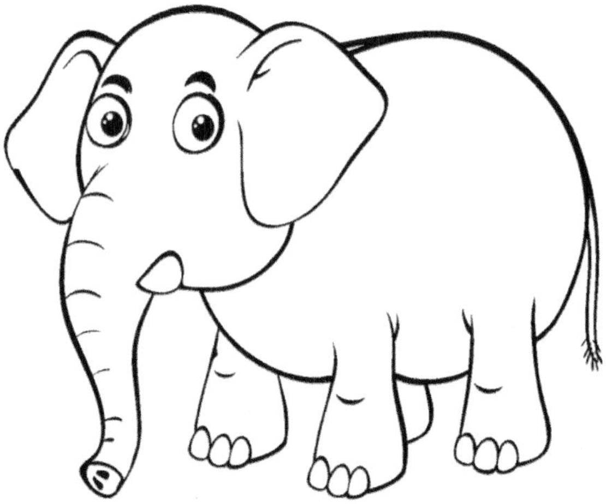

Elephant

Elephant

e e e e e e e e e

e e e e e e e e e

e

e

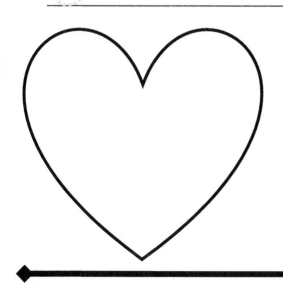

Heart Heart

Heart Heart

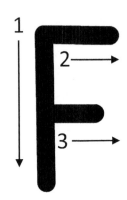

F F F F F F F F F

F F F F F F F F F

F

F

Fish Fish

Fish Fish

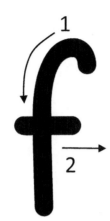

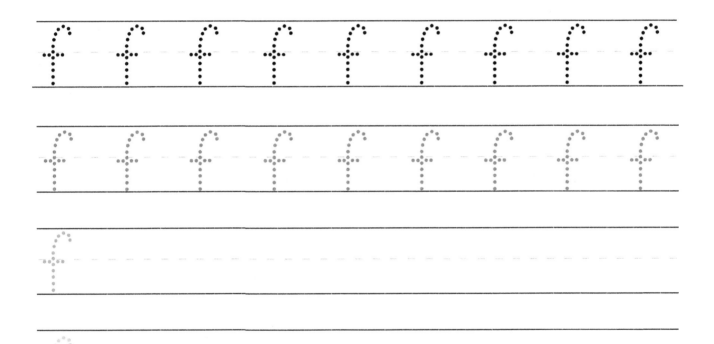

f f f f f f f f f f

f f f f f f f f f f

f

f

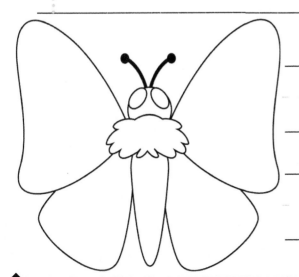

Butterfly

Butterfly

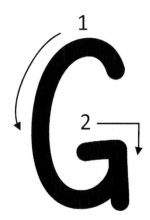

G G G G G G G G G

G G G G G G G G G

G

G

Giraffe

Giraffe

g g g g g g g g g

g g g g g g g g g

g

g

Yogurt

Yogurt

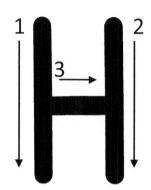

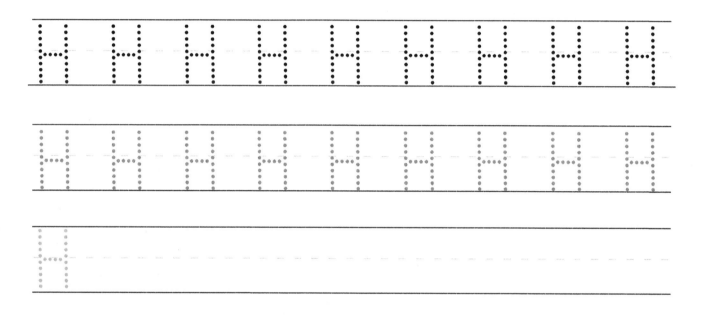

Horse Horse

Horse Horse

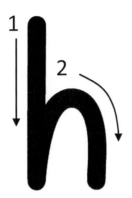

h h h h h h h h h

h h h h h h h h h

h

h

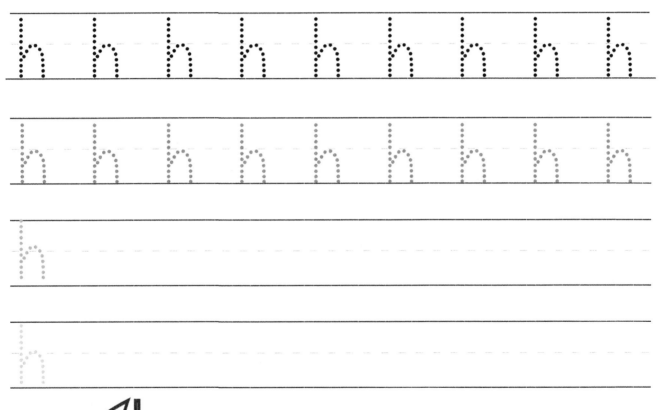

Yacht Yacht

Yacht Yacht

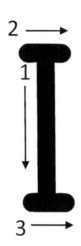

2 →
1
3 →

I I I I I I I I I

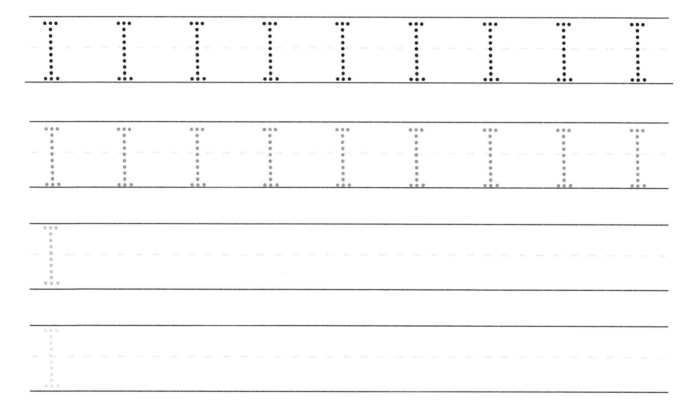

Island Island

Island Island

i

1

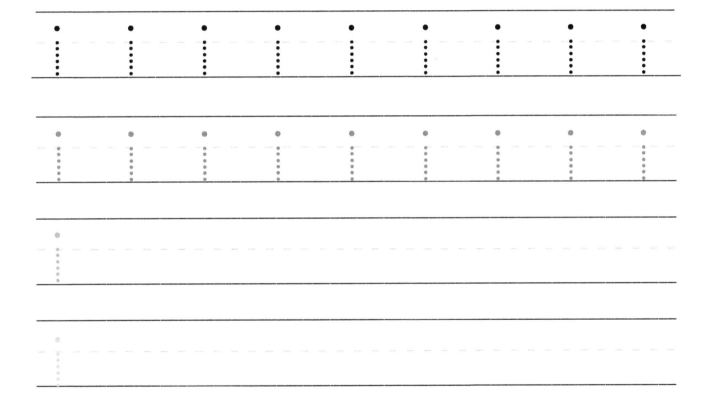

Fruit

Fruit

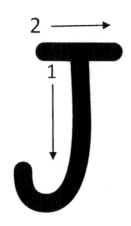

J

J J J J J J J J J

J J J J J J J J J

J

J

Jaguar

Jaguar

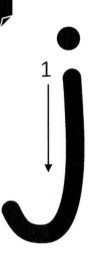
j

1

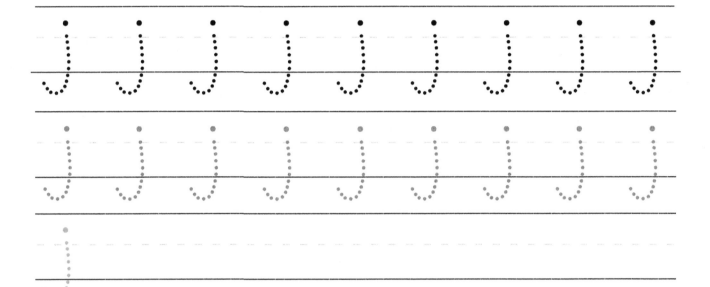

Projector

Projector

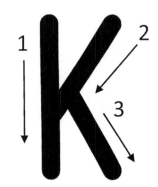

K K K K K K K K K

K K K K K K K K K

K

K

Kangaroo

Kangaroo

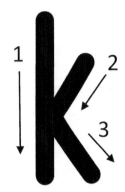

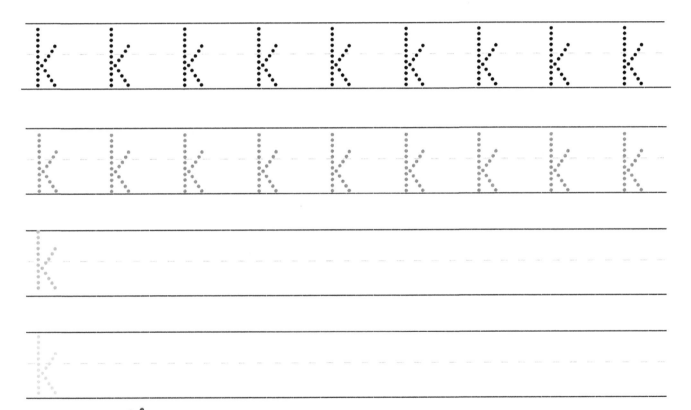

k k k k k k k k k

k k k k k k k k k

k

k

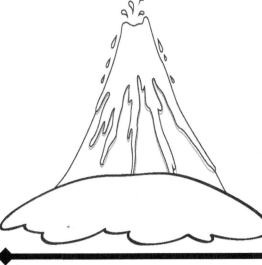

Volkano

Volkano

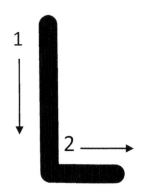

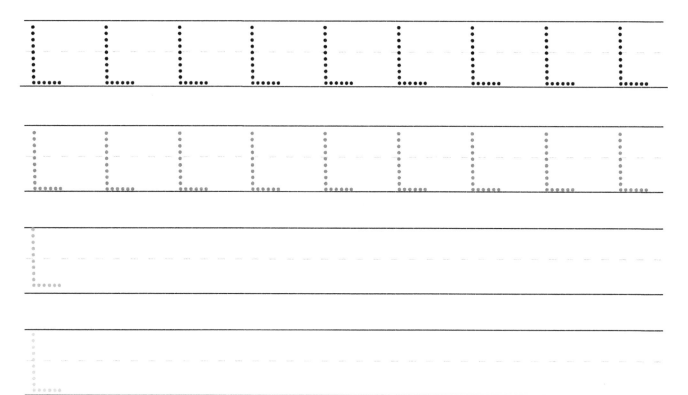

Lion   Lion

Lion   Lion

1

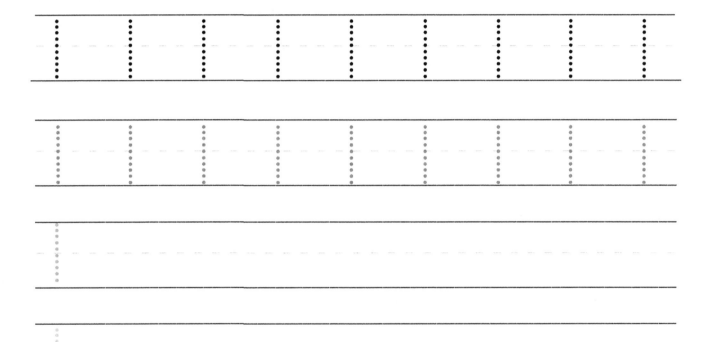

Camel Camel

Camel Camel

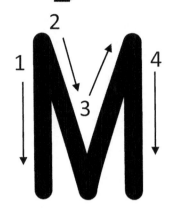

M M M M M M M M M M

M M M M M M M M M M

M

M

Mause Mause

Mause Mause

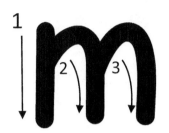

m m m m m m m m m

m m m m m m m m m

m

m

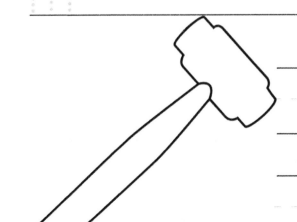

Hammer

Hammer

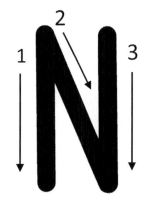

Numbut

Numbut

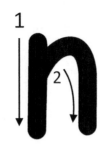

n n n n n n n n n

n n n n n n n n n

n

n

Banana

Banana

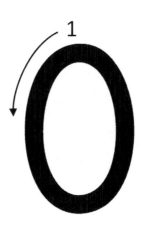

1

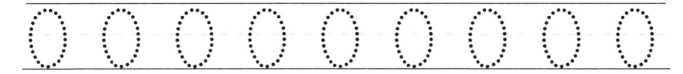

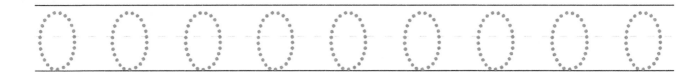

Owl   Owl

Owl   Owl

O

o o o o o o o o o

o o o o o o o o o

o

o

N o tes   N o tes

N o tes   N o tes

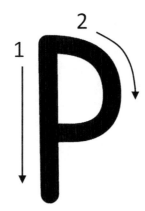

P P P P P P P P P

P P P P P P P P P

P

P

Penguin

Penguin

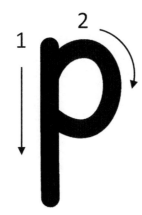

p p p p p p p p p

p p p p p p p p p

p p p p p p p p p

p

Lamp Lamp

Lamp Lamp

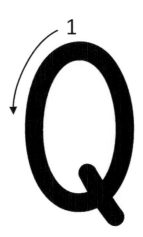

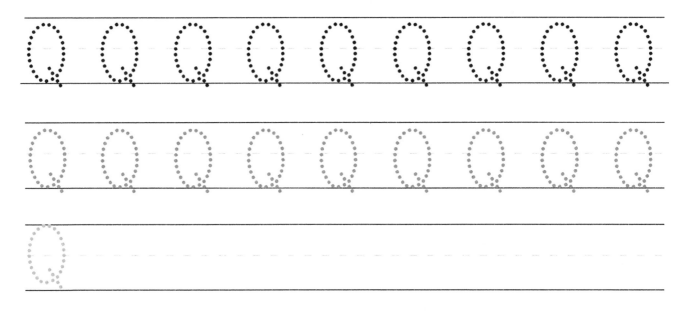

Quetzal

Quetzal

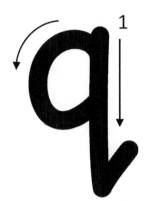

q q q q q q q q q

q q q q q q q q q

q

q

Aquarium

Aquarium

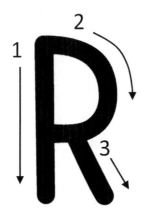

R R R R R R R R

R R R R R R R R

R

R

Rose Rose

Rose Rose

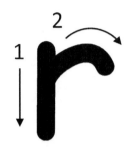

r r r r r r r r r r

r r r r r r r r r r

r

r

Dinosaur

Dinosaur

S

S S S S S S S S S

S S S S S S S S S

S

S

Snail

Snail

S¹

S S S S S S S S S S

S S S S S S S S S S

S

S

Ostrich

Ostrich

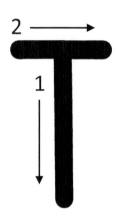

2 →

1 ↓

T T T T T T T

T T T T T T T

T

T

Tiger Tiger

Tiger Tiger

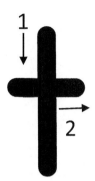

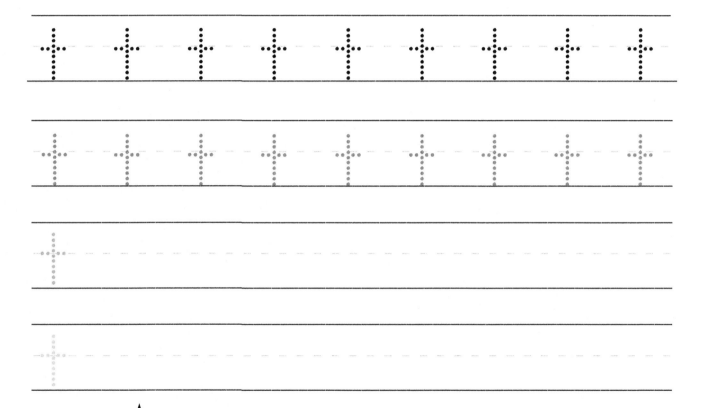

Star Star

Star Star

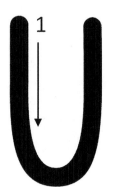

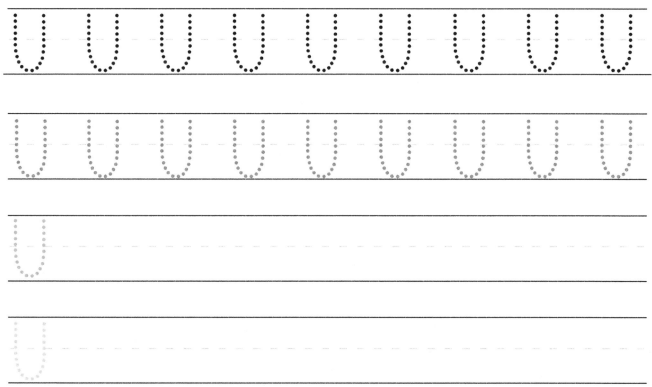

Unicorn

Unicorn

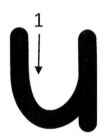

u u u u u u u u u u

u u u u u u u u u u

u

u

Octopus

Octopus

V V V V V V V V V V

v v v v v v v v v v

v

v

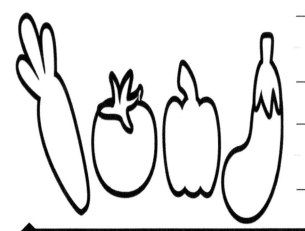

vegetables

vegetables

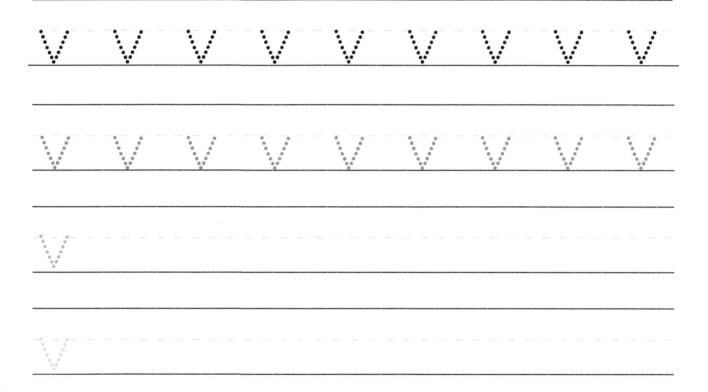

v v v v v v v v v

v v v v v v v v v

v

v

Larva

Larva

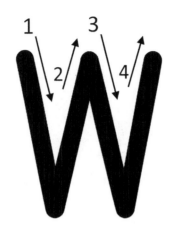

W W W W W W W W W

W W W W W W W W W

W

W

Whale Whale

Whale Whale

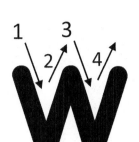

w w w w w w w w w

w w w w w w w w w

w

w

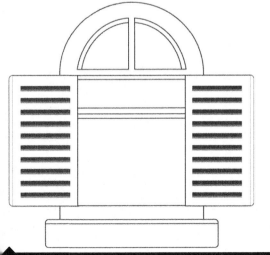

Window

Window

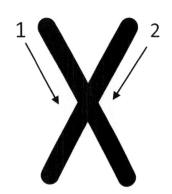

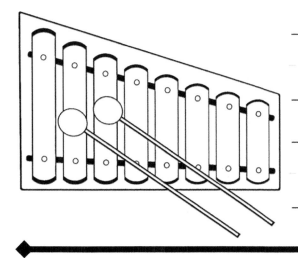

ylophone

ylophone

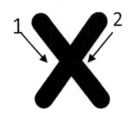

1   2

X X X X X X X X X

X X X X X X X X X

X

X

A x e   A x e

A x e   A x e

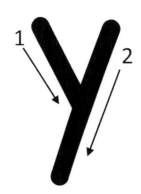

Y Y Y Y Y Y Y Y Y

Y Y Y Y Y Y Y Y Y

Y

Y

Yak   Yak

Yak   Yak

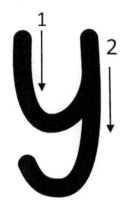

1
2

y

y y y y y y y y y

y y y y y y y y y

y

y

Pyramid

Pyramid

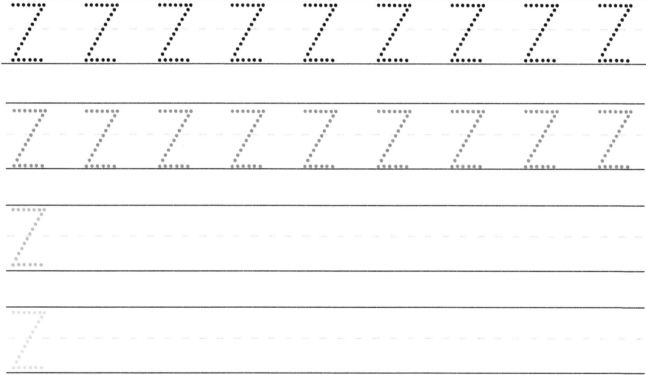

Zebra Zebra

Zebra Zebra

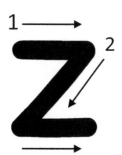

Z Z Z Z Z Z Z Z Z

Z Z Z Z Z Z Z Z Z

Z

Z

Pizza Pizza

Pizza Pizza

Numbers

123

One

2

Two

2 2 2 2 2 2 2

2 2 2 2 2 2 2

2 2 2 2 2 2 2

2 2 2 2 2 2 2

2 2 2 2 2 2 2

Three

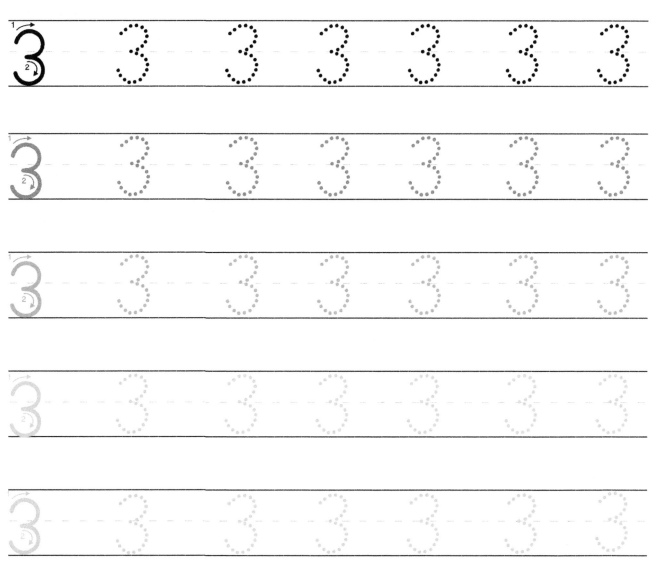

Four

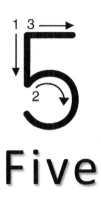

Five

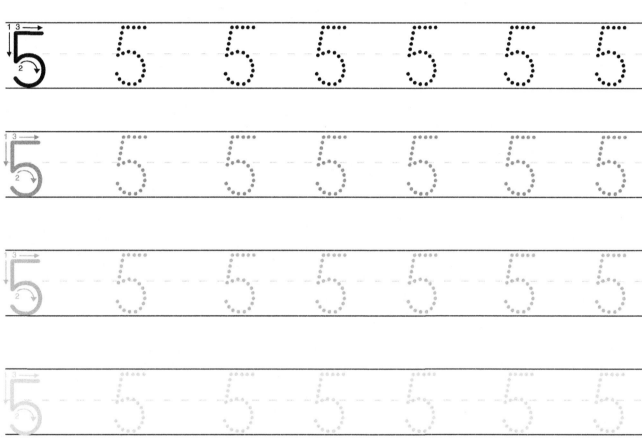

6
Six

6 6 6 6 6 6 6

6 6 6 6 6 6 6

6 6 6 6 6 6 6

6 6 6 6 6 6 6

6 6 6 6 6 6 6

7

Seven

Eight

Nine

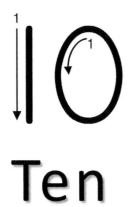

Ten

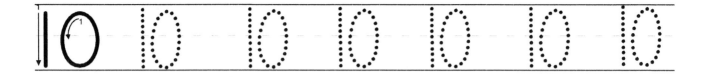

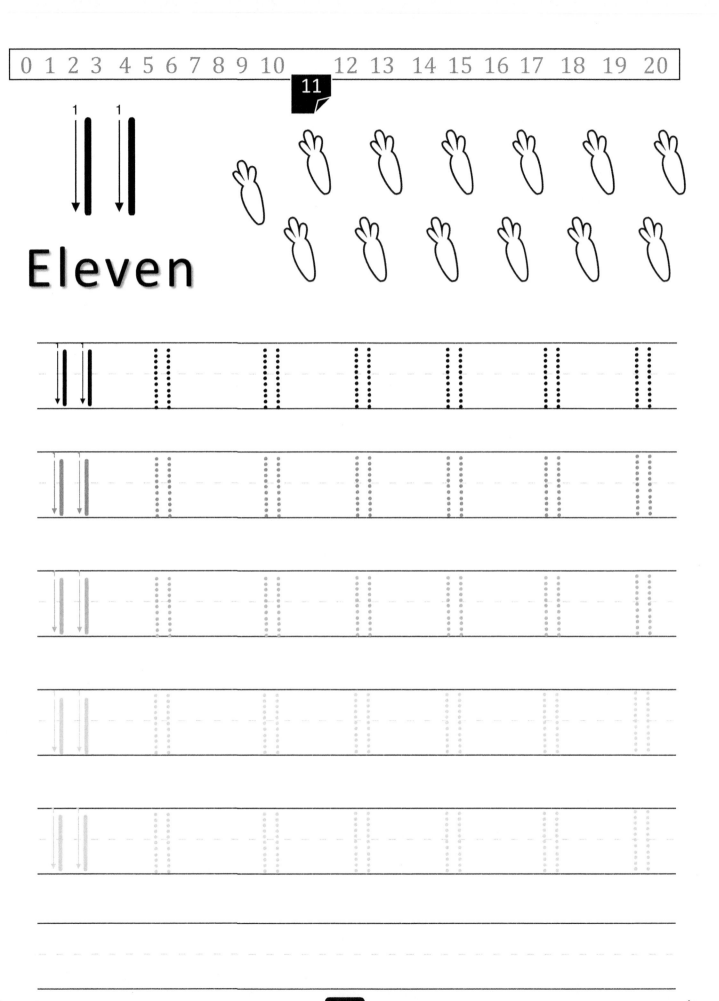

Eleven

12

Twelve

12 12 12 12 12 12 12

12 12 12 12 12 12 12

12 12 12 12 12 12 12

12 12 12 12 12 12 12

12 12 12 12 12 12 12

13

Thirteen

14

Fourteen

14 14 14 14 14 14 14

14 14 14 14 14 14 14

14 14 14 14 14 14 14

14 14 14 14 14 14 14

14 14 14 14 14 14 14

15
Fifteen

15   15   15   15   15   15

15   15   15   15   15   15

15   15   15   15   15

15   15   15   15   15

15   15   15   15   15

16
Sixteen

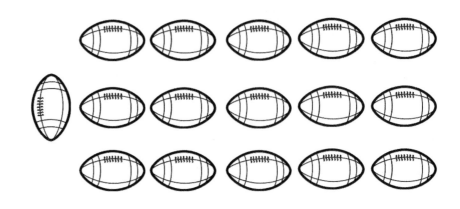

16 16 16 16 16 16

16 16 16 16 16 16

16 16 16 16 16 16

16 16 16 16 16 16

16 16 16 16 16 16

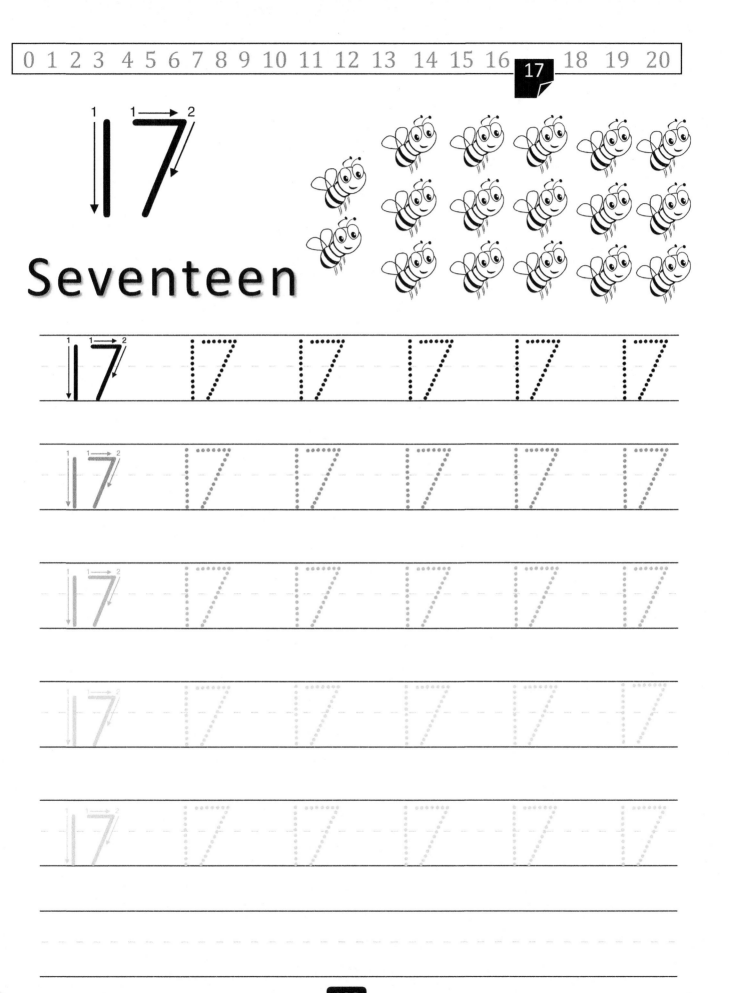

Seventeen

18
Eighteen

Nineteen

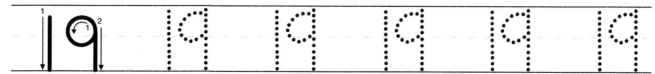

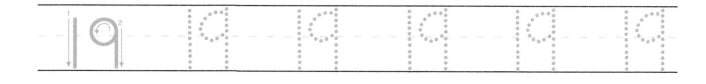

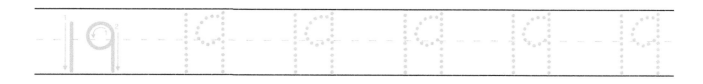

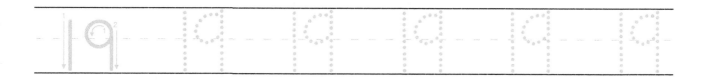

20
Twenty

20 20 20 20 20 20

20 20 20 20 20 20

20 20 20 20 20 20

20 20 20 20 20 20

20 20 20 20 20 20

Printed in Great Britain
by Amazon